AF410884

LES FRAGMENTS LIRIQUES,

BALLET,

Compôfé de l'Acte D'APPOLLON & CORONIS, des *AMOURS* des *DIEUX*, & des Actes du FEU & de la TERRE, des *ÉLÉMENTS*;

REPRÉSENTÉ,

PAR L'ACADEMIE-ROYALE DE MUSIQUE,

Le Mardi 18 Août 1767.

PRIX XXX. SOLS.

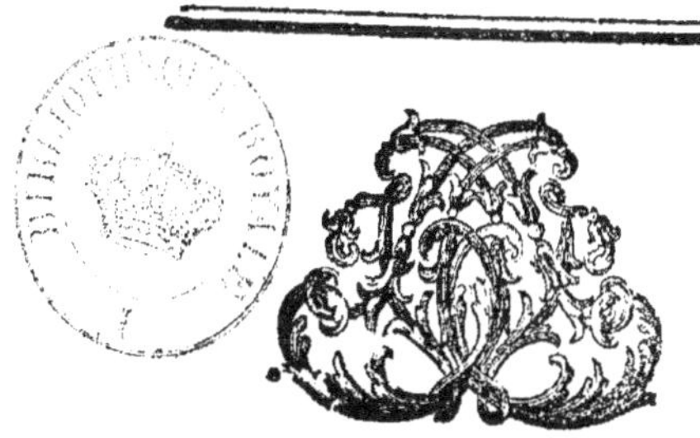

AUX DÉPENS DE L'ACADÉMIE.

A PARIS, Chés DE LORMEL, Imprimeur de ladite Académie, rue du Foin, à l'Image Sainte Genevieve.

On trouvera des Livres de Paroles à la Salle de l'Opera.

M. DCC. LXVII.

Le Poeme de la premiere Entrée est de FUSELIER.

La Musique est de MOURET.

Les Poemes de la seconde & de la troisieme Entrée sont de ROI.

La Musique est de DES TOUCHES.

ACTEURS CHANTANTS
DANS LES CHŒURS.

CÔTÉ DU ROI.		CÔTÉ DE LA REINE.	
Mesdemoiselles.	*Messieurs.*	*Mesdemoiselles.*	*Messieurs.*
Durand.	Albert.	Dagée.	Vaudemont.
La Croix.	Tourcati.	Duprat.	Cailteau.
Delor.	L'Ecuyer.	Lebourgeois.	Héri.
Guillaume.	Bourdon.	Jouette.	Vatelin.
Delaiſtre.	Paris.	Chenais.	Lagier.
Beauvais.	Lecoutre.	Legrand.	Vanheke.
Fontenet.	Roſe.	Adélaïde.	Candeille.
Friard.	Robin.	Hebert.	Boi.
Héri.	Antheaume.	Desroſieres.	Laurent.
St. Leger.	Méon.	Dalincour.	Dupar.
Lemaire.	Botſon.	de Luſignan.	Huet.
Beauſſe.	Cleret.	Ferriere.	Galli.
	Beghain.		Martin.

ACTEURS CHANTANTS.

APOLLON, *en berger,*   M. Pillot.

CORONIS, *amante d'*IPHIS,
    *aimée d'*APOLLON,   M^{de}. Larrivée.

IPHIS, *berger, amant de*
    CORONIS,   M. Larrivée.

ISMENE, *bergere, amie de*
    CORONIS,   Mlle. DuBrieulle.

MERCURE,   M. Muguet.

UNE BERGERE,   Mlle. Rosalie.

BERGERS & BERGERES.

La Scéne est dans un Hameau de la Thessalie.

PERSONNAGES DANSANTS.

BERGERS & BERGERES.

M. MALTER,	M^r. PITROT.
M. SIMONIN,	M^r. DUPEREI.
M^r. LE BRUN,	BEAULIEU.
Mlles. DERVIEUX,	AUDINOT.

M^{rs}. Granier, Giguet, Despreaux, Gardel, C. Larue,
Caster, Legrand, Allix, Gambu, Gallet.

Mlles. Vernier, Cornu, le Roi, Dauvilliers, Isoire,
Leclerc, Riviere, Hidoux, Laudheumier,
Déribé.

APOLLON ET CORONIS,
PREMIERE ENTRÉE.

Le Théâtre repréfente un Hameau de la Theffalie.

SCÉNE PREMIERE.
CORONIS, ISMENE.

ISMENE.

POur vous quelle gloire nouvelle !
Aimable Coronis , quoi, ce berger fidele·,
  Qui fur vos pas foûpire nuit & jour ,
C'eft Apollon ?
CORONIS.

      Banni par le Dieu du tonnerre ,
  Le plus beau climat de la terre
Le dédommage ici du célefte féjour.

I S M E N E.

Pourquoi dérobés-vous ce triomphe à l'Amour ?

Non, je ne connois que vos charmes
Qui puissent effacer le soûvenir des Cieux.

Vous contraignés les Dieux
A vous rendre les armes :

Non, je ne connois que vos charmes
Qui puissent effacer le soûvenir des Cieux.
Vous ne m'écoutés pas...

C O R O N I S.

Veux-tu te faire entendre ?
Ne me parles plus que d'Iphis.

I S M E N E.

D'Iphis ! que dites-vous, & qu'allés-vous m'ap-
prendre ?

C O R O N I S.

Un secret, que mes yeux devroient t'avoir appris.

Un feu nouveau me devore ;
Rien n'égale sa douceur :
Sans cette aimable ardeur,
J'ignorerois encore
Les plus charmants plaisirs que peut goûter un cœur.

I S M E N E.

Quoi, vous changés !

C O R O N I S.

L'Amour me le pardonne.
J'aime Iphis, ce jeune étranger.

I S M E N E.

Coronis abandonne
Un dieu pour un berger !

C O R O N I S.

Tu n'as jamais aimé, fi mon aveu t'étonne.

I S M E N E.

Comment défendrés-vous votre legereté ?
Le rang d'Apollon vous accufe.

C O R O N I S.

Apollon lui-même m'excufe,
Lorfqu'il m'inftruit de fa divinité.

I S M E N E.

Près d'un amant, que votre cœur offenfe,
Votre legereté voudroit changer de nom ;
Et vous prêtés à l'inconftance
Le langage de la raifon.
Mais Iphis doit trembler du deftin d'Apollon.

C O R O N I S.

Je lui cache le fort de ma premiere flâme...

I S M E N E.

Et vous le trahiſſés par ce déguiſement...

C O R O N I S.

Ce n'eſt pas trahir un amant
Que d'épargner des ſoins & du trouble à ſon âme.

I S M E N E.

Ne prévoyés-vous pas cent périls en ce jour ?

C O R O N I S.

Le bandeau de l'Amour
Laiſſe voir ſes plaiſirs & nous cache ſes peines.

Dans un cœur trop ſenſible, enchanté de ſes chaînes,
La raiſon n'a point de retour.
Le bandeau de l'Amour
Laiſſe voir ſes plaiſirs & nous cache ſes peines.

On vient. C'eſt Apollon : déguiſons mon ardeur.
Quel triſte moment pour mon cœur !

S C É N E   I I.

A P O L L O N ,   C O R O N I S.

A P O L L O N.

JE ne m'occupe plus que de mon feu fincere :
Charmante Coronis, le bonheur de vous plaire
     Du Souverain maître des dieux
     M'a fait oublier la colere :
     En vain il m'a banni des Cieux ;
     Je les retrouve dans vos yeux.

Vous connoiffés enfin l'amant qui vous engage. ..

C O R O N I S.

Peut-être avés-vous cru par un brillant hommage
Flater un jeune cœur, animer fes defirs,
     Et que j'aimerois davantage
Quand je faurois qu'un dieu m'adreffoit fes foûpirs ?

A P O L L O N.

Je vous ai fait l'aveu de ma grandeur fuprême ;
Pouvois-je vous cacher le fort de votre amant ?
     Le plus leger déguifement
     Devient un crime, quand on aime.

B

Depuis, qu'inconnu fur ces bords,
Je prends foin des troupeaux d'Admete,
Vous daignés de ma flâme approuver les tranfports;
Quelle félicité parfaite !
Le fort m'a fait berger pour combler mes defirs :
Qu'en reftant dans les Cieux je perdois de plaifirs!

C O R O N I S.

Quelque foit l'excès de fa flâme,
Un dieu n'a pas long-tems les tranfports d'un berger:
Et, lorfque la grandeur lui parle de changer,
L'Amour fort bien-tôt de fon âme.

Quelque foit l'excès de fa flâme,
Un dieu n'a pas long-tems les tranfports d'un berger.

A P O L L O N.

Connoiffés mieux & mon cœur & vos charmes ;
Non, ils ne font pas faits pour l'infidelité.
Ma conftance & votre beauté
Condamnent vos allarmes.
Connoiffés mieux & mon cœur & vos charmes;
Non, ils ne font pas faits pour l'infidelité.

(MERCURE defcend des Cieux.)

C O R O N I S.

Quel Dieu du haut des Cieux defcend dans nos boc-
cages ?

A P O L L O N.

C'eſt Mercure. Sous ces ombrages
Quel deſſein l'amene aujourd'hui ?

C O R O N I S.

Il paroît vous chercher : je vous laiſſe avec lui.

SCÈNE III.

MERCURE, APOLLON.

MERCURE.

J Upiter veut enfin oublïer votre offenfe :
Il répond aux defirs de cent climats divers ;
Il vous rappelle : il faut jouïr de fa clémence ;
Quittés la Terre, allés, les Cieux vous font ouverts.

APOLLON.

Mercure, je rends grâce au zele
Qu'aujourd'hui vous me faites voir.
Allés , je fuivrai mon devoir :
Apollon doit partir, quand Jupiter l'appelle.

(*MERCURE fort.*)

SCÈNE IV.

APOLLON, *seul.*

(On entend le prélude d'une fête champêtre.)

Quels font ici les jeux que j'entends célébrer?..
Mais cherchons Coronis ; allons lui déclarer
   Que Jupiter excufe mon offenfe...
   Ah ! Dieu cruël, que je hais ta clemence !
Elle va m'éloigner de l'objet de mes feux
Et retarder le prix de ma perfévérance.
M'accorder un pardon fi contraire à mes vœux,
Ce n'eft pas appaifer ton couroux rigoureux,
C'eft redoubler encor ta fatale vengeance.

SCENE V.

IPHIS, BERGERS et BERGERES.

I P H I S.

CHantés, bergers, chantés ; reveillés-vous échos ;
Répondés à nos voix, imités nos mufetes :
Que notre fort eft doux dans ces belles retraites !
L'Amour même jamais n'en trouble le repos.

LE CHŒUR.

Chantons ; reveillés-vous, échos, &c.

(On danfe.)

LA BERGERE.

Dans nos champs s'il coûle des larmes,
  Des ingrats
 Ne nous les arrachent pas.
Nous pouvons aimer fans allarmes ;
  Ici tous les cœurs
Ne font jamais vains ni trompeurs :
La bergere ignore fes charmes,
  Et l'art de changer
 N'eft pas fu du berger.

(On danfe.)

L A **B E R G E R E.**

Réfonnés , paifibles mufetes
Vous êtes les douces trompettes
Des vainqueurs
De nos cœurs.

Par d'aimables chanfonnettes
Vous couronnés les beaux jours :
Vous célébrés dans nos retraites
Les exploits des tendres Amours.

Réfonnés , *&c.*

(*On danfe.*)

SCENE VI.

CORONIS, IPHIS, ISMENE, BERGERS.
*CORONIS, au fond du Théâtre, à part
à ISMENE.*

APollon quitte enfin ces lieux ;
Rien ne m'allarme plus, j'ai reçu ses adieux...
       (*Elle apperçoit IPHIS & les BERGERS.*)
Mais, c'est vous, cher Iphis ! Quelle fête galante?

IPHIS.

C'est ma félicité que sur ces bords on chante.

A l'auteur de vos jours je viens d'ouvrir mon cœur.
Conduit par l'esperance, inspiré par ma flâme,
Mes respects, mes soûpirs ont attendri son âme;
Il veut que votre main couronne mon ardeur.

       Que ce jour a pour moi de charmes !
L'Himen me donne enfin ce que me doit l'Amour :
Et le bien le plus doux, accordé sans retour,
       Va payer mes tendres allarmes :
       Que ce jour a pour moi de charmes !
L'Himen me donne enfin ce que me doit l'Amour.

CORONIS & IPHIS.

       Le plus beau nœud m'engage
       Et m'enchaîne à-jamais :

                              Reçois,

Reçois, Dieu des cœurs, mon hommage.
Le doux plaifir eft le partage
De deux amants, unis par tes bienfaits:
Notre bonheur de toi feul eft l'ouvrage.
CORONIS, aux BERGERS.
Recommencés vos jeux fous ce paifible ombrage.

(On danfe.)

De deux amants heureux célébrés les tranfports;
Oifeaux, à leurs chanfons joignés un doux ramage;
Vous, Ruiffeaux, qui baignés les fleurs de ce rivage,
Mêlés votre murmure à leurs tendres accords.

(On danfe.)

I P H I S.
Que tout ici retentiffe
Des appas de Coronis.
C O R O N I S.
Que tout applaudiffe
A l'amour d'Iphis.
E N S E M B L E.

Que leurs noms, que leurs cœurs foient à-jamais unis.

E N S E M B L E, avec le CHŒUR.
Que tout retentiffe
Des appas de Coronis:
Que tout applaudiffe
A l'amour d'Iphis:

Que leurs noms, que leurs cœurs foient à-jamais unis.

C

SCÈNE VII.

APOLLON CORONIS, ISMENE, IPHIS,
BERGERS.

APOLLON, à part, au fond du théâtre.

PRêt à monter aux Cieux, quels chants viens-je
d'entendre ?
A ce funeste outrage aurois-je dû m'attendre ?
La perfide ! *

(* *APOLLON avance & veut frapper CORONIS de son
javelot ; il est retenu par IPHIS.*)

IPHIS, à APOLLON.
Arrêtés, berger trop inhumain.

CORONIS, à IPHIS, se mettant entre lui & APOLLON.
C'est un Dieu, sauvés-vous, votre courage est vain ;
Sauvés-vous cher Iphis. . . .

(*Les CHŒURS se retirent avec effroi.*)

APOLLON.
L'ingrate !. . . l'infidele. . . .
Lorsqu'elle doit trembler, lorsqu'elle est criminelle,
Elle ne craint que le trépas
D'un mortel téméraire, aussi coupable qu'elle. . .

(*Coronis entraîne Iphis dans la coulisse, où Apollon
lance son javelot.*)

Ah ! fa terreur me montre où doit frapper mon bras...
Meurs, indigne rival !...

    C H Œ U R , *derriere le théâtre.*
        O difgrace cruëlle !

     A P O L L O N.

Enfin je fuis vengé de l'audace d'Iphis !

    C H Œ U R , *derriere le théâtre.*

Hélas ! le même trait a frappé Coronis !
L'amour les uniſſoit, le trépas les raſſemble ;
     Ils expirent enfemble !

    A P O L L O N.

Le Deſtin m'a donc mieux fervi que ma fureur :
Je me fuis, d'un feul coup, immolé deux victimes.
    C H Œ U R , *derriere le théâtre.*
   Quel fpectacle affreux ! quelle horreur !

    A P O L L O N.

Bergers, qui n'eſtimés qu'une fincere ardeur,
Devés-vous les pleurer, vous, qui favés leurs crimes ?
    C H Œ U R , *derriere le théâtre.*

Portons ces deux amants dans le même tombeau :
Que l'Amour avec eux enferme fon flambeau.

        C ij

SCENE VIII.

APOLLON, *seul*.

JE frémis.... leurs regrèts, malgré-moi, m'atten-
　　driffent :
De funeſtes remords me frappent... me faifiſſent...
Quai-je fait ! Coronis... quoi, ma barbare main
A donc lancé le trait qui vous perce le fein?
O Ciel ! vous defcendés fur les rivages fombres...
Et mon rival vous fuit dans l'empire de Ombres...
Coronis, vous mourés!.. O deſtin trop cruël !..
Coronis vous mourés... & je fuis immortel !

Forcé de vivre, hélas ! par une loi fuprême,
　　　Que rien ne peut changer,
　　　Quel défefpoir extrême !
C'eſt par moi que je perds le cher objet que j'aime;
J'ai pu caufer fa mort, je ne puis la venger !
Que l'Univers entier reſſente mes allarmes :
　　On ne fauroit trop répandre de larmes
Pour le fang que ma rage a verfé dans ce jour...
Ah ! cachons mes fureurs dans une nuit profonde,
　　　Et cèſſons d'éclairer le Monde,
Puifque je n'y vois plus l'objet de mon amour.

FIN DE LA PREMIERE ENTRÉE.

SECONDE ENTRÉE.

LE FEU.

ACTEURS CHANTANTS.

ÉMILIE,	Mlle. Dubois.
VALERE,	M. Larrivée.
L'AMOUR,	Mlle. Defcoins.

CHŒUR DE PRÊTRESSES DE VESTA.
CHŒUR DE CHEVALIERS ROMAINS.

PERSONNAGES DANSANTS.

PRÉTRESSES DE VESTA.

Mlle. GUIMARD.
M^{les}. GAUDOT, GRANDI.

M^{les}. de Miré, Rei, St. Martin, Mercier, Delfevre,
Larie, David, Mimi, l'Huillier, de Fontebles,
de Bagé.

CHEVALIERS ROMAINS.

M^r. Granier, Trupti, Defpréaux, Gardel, c.;
Lani, Lieffe, Aubri, Martinet.

SECONDE ENTRÉE.
LE FEU.

Le théâtre représente le vestibule du temple de Vesta
& , au fond , le sanctuaire , où est le feu sacré.

SCÈNE PREMIERE.

ÉMILIE, *Troupe de* PRÊTRESSES.

LE CHŒUR.

Flâme, que révere
Cet empire heureux ,
De nos fiers ayeux
Tréfor tutélaire ,
Rayon précieux
Du flambeau des cieux ,
Nuit & jour éclaire
Et défends ces lieux !

É   M I L I E.

Brillés dans ces beaux lieux, brillés flâme éternelle,
Gage de notre gloire, objet de notre zele.

Dès mes plus tendres ans affervie à vos loix,
　　　Sous fon empire un autre dieu m'appelle ;
L'Himen forme pour moi la chaîne la plus belle,
Et je fers vos autels pour la derniere fois.
Brillés dans ces beaux lieux, &c.

L E   C H Œ U R.

On vous doit la gloire,
Les jours des Céfars ;
Par vous la victoire
Suit nos étendarts.

Unique efperance,
Source de bienfaits,
Verfés l'abondance,
Donnés-nous la paix.

(On danfe.)

É   M I L I E, & le C H œ U R.

O Vefta, terrible déèffe,
Tu veux qu'un trépas honteux
Soit la peine de la prêtreffe,
Qui laiffe éteindre tes feux.

aux

ÉMILIE, aux P R È T R E S S E S.

Que vos foins affidus préviennent fa vengeance,
Que vos fideles cœurs attirent fes bienfaits :
Un nœud mifterieux enchaîne pour-jamais
    Ses honneurs & notre puiffance.

(On danfe.)

É M I L I E , à fa fuite.

Allés : tant que la nuit obfcurcira les airs,
Sur le dépôt facré j'aurai les yeux ouverts.

S C Ê N E I I.

É M I L I E , feule.

Amour, de mon bonheur affûre le préfage,
Et d'un fonge importun viens effacer l'image.

SCÊNE III.

ÉMILIE, VALERE.

AH, Valere, quel tems vous préfente à mes yeux !
Un mortel ôfe-t-il pénétrer dans ces lieux ?

VALERE.

Ma flâme impatïente
A vaincu tout obftacle : eft-ce un crime pour moi ;
Eft-ce offenfer le Ciel, garant de votre foi ?

L'Amour va combler mon attente ;
Bientôt l'aurore naiffante
Me voit l'heureux rival des dieux :
Que je life du moins mon bonheur dans vos yeux ;
Ne me refufés pas un regard qui m'enchante.

ÉMILIE.

Ah, devés-vous ici me parler de vos feux ?

VALERE.

Quel afile fi fevere
Eft interdit à l'Amour ?
Dans quel temple ce dieu ne fe fait-il pas jour ?
Il eft le fouverain des dieux qu'on y révere.

Vos beaux yeux font baignés de pleurs !
Eh , qui les fait coûler ?

É M I L I E.

Hélas ! j'ai tout à craindre ;
Le Ciel à notre himen préfage mille horreurs.

V A L E R E.

Ah , vous ne m'aimés plus !

É M I L I E.

Je ferois moins à plaindre !
Apprenés donc tous nos malheurs.

Les voiles de la nuit commençoient à s'étendre ,
Un fonge , trop flateur , vous offroit à mes yeux ;
Je vous parlois ; jamais mon cœur ne fut plus tendre !
Quand de triftes clameurs ont monté jufqu'aux cieux.
J'ai vu Vefta ; fa voix a glacé mon courage ;
Le temple en a tremblé... du milieu d'un nüage ,
Des feux étincelans ont éclaté fur nous ,
Au moment que la mort me féparoit de vous.

V A L E R E.

Reprenés l'efpérance ;
Nos feux feront victorïeux :
Et j'en ai pour garants les dieux ,
Vos attraits & ma conftance.

D ij

É M I L I E.

Jufques au jour naiffant abandonnés ces lieux :
Je vais de mes devoirs remplir la loi fuprême ;
Je dois veiller ici.

V A L E R E.

L'Amour veille pour nous.

É M I L I E.

Ce font mes derniers foins ; les dieux en font jaloux.
Je retourne à l'autel.

V A L E R E.

Vous fuyés qui vous aime ?

É M I L I E.

A mon bonheur je m'arrache moi-même ;
Je porte à la déèffe un cœur trop plein de vous.

V A L E R E.

L'abfence d'un moment m'eft un fupplice extrême.

SCENE IV.

*Le théâtre s'obscurcit par l'extinction du feu sacré, & la
clarté cede à la nuit.*

VALERE, ÉMILIE, Chœur de Prètresses.

LE *CHŒUR.*

QUel bruit affreux ! quel présage effroyable !
O sort cruël ! o Prêtresse coupable !

VALERE.

De quels funestes cris retentissent ces lieux ?

SCENE V.

ÉMILIE, VALERE.

ÉMILIE.

QU'ai-je fait ? quelle horreur !.. Tonnés, frapés,
grands Dieux ;
Sur moi seule épuisés votre haîne implacable !

VALERE.

Qu'avés-vous, Emilie ? & quel trouble confus....

ÉMILIE.

Je tremble, je frémis ; le feu sacré n'est plus !

J'entends déja la foudre menaçante,

Les prêtres, le fénat, les peuples en fureur :
L'on creufe mon tombeau, l'on m'y traîne vivante,
Et d'une lente mort j'y vais fubir l'horreur.

VALERE.

Ah ! périffe plûtôt ce peuple & fa puiffance ;
   Périffent mille fois
Les aveugles auteurs de ces barbares loix,
Qui des fautes du fort accâblent l'innocence !
Je vous verrois mourir ! . . . Impitoyables Dieux,
Ah, fi des feux fi purs arment votre vengeance,
Qui donc eft innocent, ou coupable à vos yeux !

ÉMILIE.

Ne faites point aux dieux un reproche inutile.

VALERE.

   Fuyons de ces triftes lieux,
Suivés qui vous adore...

ÉMILIE.

     Où fera notre afile ?
Non, non, laiffés-moi feule attendre le trépas ;
Ici votre préfence offenfe trop ma gloire,
  Et vos efforts ne me fauveroient pas.
  Adieu : confervés ma mémoire !
  Je pardonne au ciel en couroux,
S'il ajoûte à vos jours ceux que je perds pour vous.

ENSEMBLE.

Ciel implacable, que j'implore,
Frappe, lance tes traits, termine mes malheurs ;
Non, non, fais sur moi { feul / feule } éclater tes rigueurs,

Épargne l'objet que j'adore !

Mais quel éclat fe répand dans ces lieux ?
C'eſt l'Amour, qui defcend des cieux.

SCÈNE VI.

(L'AMOUR, *un flambeau à la main, defcend fur
un nuage, & rallume le feu facré.*)

L'AMOUR, ÉMILIE, VALERE.

L'AMOUR.

M On flambeau fur l'autel fait revivre la flâme ;
Les maux que fait l'Amour, il fait les réparer.
Vivés, belle Émilie, & raffûrés votre âme ;
C'eſt votre himen que je viens éclairer.

ÉMILIE & VALERE.

Tu fléchis les deſtins contraires,
Amour, ah, qu'à ce prix nos peines nous font cheres !

L'AMOUR.

Venés, Peuples, venés célébrés ce beau jour :
L'himen d'une veſtale a fondé votre empire ;

Une autre y fait briller le flambeau de l'Amour :
Chantés , livrés vos cœurs aux tranſports que
j'inſpire.

S C E N E   VII.

ÉMILIE, VALERE, PRÊTRESSES,
CHEVALIERS ROMAINS, PEUPLES.

*(Les Seigneurs Romains entrent pour mener la Veſtale
hors du Temple.)*

(On danſe.)

V A L E R E.

Alternativement avec le Cʜœ ᴜ ʀ des Peuples.

LAncés, charmant Amour, lancés vos traits vainqueurs,

Sans mélange de peines :

Le ſeul penchant unit ⎰ nos ⎱ cœurs ;
⎰ leurs ⎱

Le bonheur reſſerre ⎰ nos ⎱ chaînes.
⎰ leurs ⎱

(Un Ballet général finit cette Entrée.)

FIN DE LA DEUXIEME ENTRÉE.

TROISIEME

TROISIEME ENTRÉE.
LA TERRE.

ACTEURS CHANTANTS.

POMONE, Mlle. Arnould.
VERTUMNE, M. Legros.
PAN, M. Gélin.
CHŒUR DE FAUNES.
CHŒUR de BERGERS & de BERGERES.

PERSONNAGES DANSANTS.

PREMIER DIVERTISSEMENT.

FAUNES ET SILVAINS.

M. LIONNOIS.
Mrs. ROGIER, LEGER.

Mrs. Granier, Riviere, Gardel, c., Lani, Liesse, Dossion, Aubri, Martinet.

SECOND DIVERTISSEMENT.

BERGERS ET BERGERES.

M. GARDEL, Mlle. GUIMARD.
M. SLINGSBI, Mlle. MION.

Mrs. Dubois, Dossion, Caster, Beaulieu, Allix, Gambu, Gallet, Legrand.

Mlles. Delfevre, Lafond, Dauvilliers, Villette, Leclerc, Isoire, Riviere, Laudheumier.

PASTRES ET PASTOURELLES.

M. LANI, Mlle. ALLARD.
M. DAUBERVAL. Mlle. PESLIN.

Mrs. Marlet, Giguet, le Brun, Larue.

Mles. Vernier, Cornu, le Roi, Hidoux.

TROISIEME ENTRÉE.
LA TERRE.

Le théâtre repréſente les jardins fruitiers de
POMONE.

SCENE PREMIERE.

VERTUMNE, un maſque de femme à
la main.

AMOUR, rends à mes feux Pomone moins re-
belle !
Mes rivaux dans ſes fers ont envain ſoupiré ;
Sans être plus heureux, Vertumne eſt plus fidele.
Sous ce déguiſement, que tu m'as inſpiré,
Amour, rends à mes feux Pomone moins rebelle.

    Mais c'eſt elle que j'aperçoi.

E ij

SCÊNE II.

POMONE, VERTUMNE, *sous la forme de* NÉRINE.

VERTUMNE.

BElle Pomone, enfin je vous revoi !
Vous fuyés tous les yeux dans ce charmant afile ;
Le bonheur de vous voir n'eft donc fait que pour moi.

POMONE.

J'y viens rêver, c'eft un plaifir tranquille :
Nérine, je n'y veux d'autres témoins que toi.

Jardins délicïeux, agréables retraites,
  Que je vous dois de paifibles moments !
Beaux lieux, dont la nature a fait les ornements,
Heureux qui fent le prix de vos douceurs fecrettes !

VERTUMNE.

Ne jouïffés-vous pas du bonheur que vous faites ?
  Ces champs, fi fertiles, fi beaux,
Cette terre, docile à vos heureux travaux,
  Les fruits dont elle fe couronne,
  Tout préfente aux yeux de Pomone
  Des triomphes toûjours nouveaux.

P O M O N E.

J'aime ce féjour folitaire ;
Des amants importuns j'y fuis l'emprèffement.

V E R T U M N E.

Si quelque amant pouvoit vous plaire,
Il vous rendroit ce féjour plus charmant :
L'Amour fait embellir tous les lieux qu'il éclaire ;
La folitude plaît avec un tendre amant.

Nos dieux de vos rigueurs ne cèffent de fe plaindre ;
Quoi! ferés-vous fans-cèffe en guerre avec l'Amour ?

P O M O N E.

Je lui pardonnerai peut-être dès ce jour.

V E R T U M N E.

(à part.)
Ciel! quel nouveau rival aurois-je encore à craindre?
(*On entend un bruit de chaffe.*)

P O M O N E.

Quel bruit trouble ici notre paix ?
Dieux, gardés nos vergers, défendés mon ouvrage
Contre l'affreux ravage
Des monftres des forêts ;

SCENE III.

PAN, VERTUMNE, POMONE.

Troupe de FAUNES *&* de SILVAINS.

PAN.

LE monſtre eſt tombé ſous mes traits,
Et ſa dépouille eſt un hommage
Que mon amour préſente à vos attraits.

POMONE.

C'eſt avec bien du bruit m'expliquer votre flâme.

PAN.

L'éclat en ma faveur doit prévenir votre âme.

A mille autres appas mon cœur a réſiſté ;
Qu'un mutuël amour aujourd'hui vous engage :
    Goûtés, goûtés l'avantage
De triompher d'un dieu, fier de ſa liberté.

POMONE.

    L'appareil de votre victoire
    M'éfraie autant que le danger.

PAN.

    Faunes, Silvains, chantés ſa gloire ;
    Sous ſes loix je veux vous ranger.
Elle enchaîne mon cœur & m'ôte la mémoire
Des plus charmants objèts qui vouloient m'engager.

LE CHŒUR.

Chantons fa gloire ;
Sous fes loix il faut nous ranger.

(On danfe.)

PAN, *alternativement avec* LE CHŒUR.

Dieu charmant, qu'adore Cithere,
Quand nos cœurs éprouvent tes traits,
Le doux Plaifir, à la voix de ta mere,
Vole & répand tous fes attraits.
Nos plus beaux jours font dûs à tes bienfaits :
Le bonheur eft le prix d'une flâme fincere.

Dieu charmant, qu'adore Cithere,
Quand nos cœurs éprouvent tes traits,
Le doux Plaifir, à la voix de ta mere,
Vole & répand tous fes attraits.

(On danfe.)

POMONE.

Je reçois votre hommage avec reconnoiffance ;
Mais laiffés-moi diffiper ma frayeur :
Allés, & marqués-moi, par votre obéiffance,
Ce que je puis fur votre cœur.

****

SCÊNE IV.

POMONE, VERTUMNE, *sous la forme de*
NÉRINE.

VERTUMNE.

Aux soûpirs du dieu Pan vous êtes peu sensible!

POMONE.

Éloignons-nous, s'il est possible.

VERTUMNE.

Où voulés-vous aller ?

POMONE.

Je ne sais ; suis mes pas...
Non, demeure plûtôt.

VERTUMNE.

Je ne vous quitte pas.

POMONE.

Je te chéris, Nérine, & sais ton zele extrême.

VERTUMNE.

Non, vous ne savés pas à quel point je vous aime.

POMONE.

Pensés-tu que l'Amour puisse encor nous former
Ces douceurs, ces plaisirs dont nos chants l'aplau-
    dissent ?

VERTUMNE,

Croyés que le bonheur dont les amants jouissent,
Se

Se sent mille fois mieux qu'on ne peut l'exprimer.
L'hommage du dieu Pan vous touchera peut-être.

P O M O N E.

Ah, qu'un amant aimable est pour nous dangereux !
   (*à part.*)
     Que mon trouble est affreux !
Je voudrois que mon cœur pût demeurer son maître.
  (*à* VERTUMNE.)
Donne-moi tes conseils ; je n'écoute que toi.

V E R T U M N E.

Tout ce que vous voyés vous parle mieux que moi.

Voyés dans ces vergers la source qui serpente ,
Elle embrasse cent fois les jeunes arbrisseaux :
Unie avec l'ormeau , cette vigne abondante
   S'éleve & croît sur ses rameaux ;
Cette autre sans appui demeure languissante :
Ces palmiers amoureux s'unissent en berceaux ;
C'est le plaisir d'aimer que le rossignol chante :
Ces ondes & ces bois, ces fruits & ces oiseaux,
Tout vous est de l'amour une leçon vivante.

P O M O N E.

Hélas !

V E R T U M N E.

Vous soûpirés.

F

POMONE.

Quel mouvement confus ?
Vois si dans ces jardins on ne peut nous entendre.

VERTUMNE.

Vous êtes seule ici ; parlés.

POMONE.

Il faut se rendre.
Tes conseils sont suivis, ou plûtôt prévenus :
Du dieu que je bravois je n'ai pu me défendre.

VERTUMNE.

(*haut.*)   (*à part.*)

Vous aimés !.. Quel objet ?.. Que va-t-elle m'a-
prendre !

POMONE.

Tu me justifîras au nom de mon vainqueur.
L'amant que j'aime ignore sa victoire :
Nérine, jure-moi de ménager ma gloire.

VERTUMNE.

Ah ! ce n'est pas de moi qu'il saura son bonheur.

POMONE.

Mais faudra-t-il toûjours qu'il l'ignore lui-même ?

VERTUMNE.

Eh c'eſt…

POMONE.

Vertumne.

VERTUMNE.

O ciel !

POMONE.

C'eſt Vertumne que j'aime ?

VERTUMNE, *en ſe démaſquant.*

Vertumne à vos genoux meurt de joie & d'amour.

POMONE.

Que vois-je !.. O dieux, par quel détour
Avés-vous forcé mon ſilence !
Je devrois vous punir d'une pareille offenſe.

VERTUMNE.

N'ai-je pas trop ſouffert à cacher mes tranſports ?

POMONE.

Contre un amant qui plaît on fait de vains efforts.

ENSEMBLE.

C'eſt pour combler nos vœux
Que l'Amour dans ſes nœuds
Nous engage :

L'aveu de nos feux eſt l'hommage
Que nous t'offrons tous deux.

Qui ſait aimer eſt heureux ;
Ici tout en offre l'image.
Le bonheur ſe peint dans nos yeux,
En nos deux cœurs en ſont le gage.

C'eſt pour combler nos vœux, &c.

P O M O N E.

Que tout brille en ces lieux d'une clarté nouvelle,
Que l'air y ſoit plus pur & la terre plus belle.
Et vous, que mes bienfaits ont ſoûmis à mes loix,
Venés, accourés-tous, & célébrés mon choix.

SCÊNE V.

VFRTUMNE, POMONE, BERGERS & BER-
GÈRES, PASTRES & PASTOURELLES.

LE CHŒUR.

R Affemblons-nous dans ces retraites,
Rendons hommage au dieu d'Amour :
Chantons fur nos tendres mufetes
Tous les attraits d'un fi beau jour.

Raffemblons-nous dans ces retraites, &c.

(On danfe.)

VERTUMNE.

De l'Amour tout fubit les loix ;
Mais ce Dieu, plus jaloux du choix,
Ne prodigue pas l'art de plaire,
Et plaire vaut le fort des rois.
Si l'Amour met à fes faveurs
Un tribut de foins, de langueurs,
Heureux ceux que fa main legere
N'enchaîne que de fleurs !

Tous les jours font pour les amants
Des jours purs, fereins & charmants;
Des tranfports, toûjours renaîffants,
De ces jours ne font que des moments.

De l'Amour tout fubit, &c.

Les cœurs font que trop punis
De ne pas lui rendre les armes:
    Quels biens leur étoient promis!
Il faut, pour juger de fes charmes,
            Les avoir fentis:
Liberté, tu n'ès rien à ce prix.

De l'Amour tout fubit, &c.

(On danfe.)

V E R T U M N E.

Amour, fous ce rïant ombrage
Vole, viens dans mon cœur lancer de nouveaux
    traits :
    Regne, jouïs de mon hommage;
    Tu trïomphes par les bienfaits.

    De la beauté le doux foûrire
    Fait oublier tous les malheurs;
    Son charme embellit ton empire;
Il fait de tes liens une chaîne de fleurs.

Amour, fous ce rïant ombrage
Vole, viens dans mon cœur lancer de nouveaux
traits :

Regne, jouïs de mon hommage ;
Tu triomphes par les bienfaits.

(Un divertiſſement général termine cette troiſieme &

derniere Entrée.)

F I N.

A P P R O B A T I O N.

J'Ai lu, par ordre de Monſeigneur le Vice-Chancelier, *les Fragments Liriques* , Ballet. A Paris, le ſept Juillet **1767.**

DEMONCRIF.